AF257669

DEUX LETTRES

A M. LE COMTE DE VAUBLANC,

SUR LE SYSTÈME COLONIAL,

A PROPOS DE SON OUVRAGE INTITULÉ :

DU COMMERCE MARITIME.

———◦◦◦◦———

PARIS,

A LA LIBRAIRIE DE L'INDUSTRIE, RUE S.-MARG-FEYDEAU, N. 10;

ET CHEZ RENARD, A LA LIBRAIRIE DU COMMERCE, RUE STE-ANNE, N. 71.

—

3o novembre 1828.

IMPRIMERIE DE SELLIGUE,

Breveté pour les presses mécaniques et à vapeur,

Rue des Jeuneurs, n° 14.

LETTRE

A M. LE COMTE DE VAUBLANC,

MINISTRE D'ÉTAT,

MEMBRE DU CONSEIL SUPÉRIEUR DU COMMERCE
ET DES COLONIES;

PAR UN CONSOMMATEUR DE SUCRE.

———

Monsieur le Comte,

Je me propose de vous soumettre quelques ré-
flexions qui m'ont été suggérées par la lecture de
votre dernier ouvrage intitulé : *Du commerce maritime considéré sous le rapport de la liberté entière
du commerce et sous le rapport des colonies.* Ce livre
contient des erreurs si palpables, qu'elles seraient
tout-à-fait sans danger si votre position élevée,
jointe à la droiture de vos intentions, ne me fai-

sait craindre de les voir s'accréditer auprès de bon nombre d'éminens personnages qui sont en possession de prononcer sur les intérêts du commerce sans les avoir suffisamment étudiés. Il est agréable en effet, pour peu que l'on soit pair de France, député ou conseiller d'état, appelé à résoudre une foule de questions du premier ordre que peu de gens ont le courage d'approfondir, de prendre des opinions toutes faites dans un livre dont l'auteur, membre du conseil supérieur du commerce, doit avoir des connaissances étendues et positives sur les matières commerciales. Moi-même, Monsieur le Comte, j'aurais peut-être reculé devant la tâche que je me suis imposée, si je n'avais été soutenu et encouragé par les remarques pleines de sens que mon épicier m'a communiquées sur la partie de votre ouvrage où vous développez les avantages du monopole colonial. Ce brave homme m'honore de son estime, attendu que je consomme pour ma part cinq ou six fois la ration de deux kilogrammes de sucre qui revient à chaque citoyen français ; et par la même raison je l'écoute avec intérêt lorsqu'il m'explique pourquoi cette denrée nous coûte encore si cher, et pourquoi la consommation en est si restreinte parmi nous. Il ne tiendra qu'à vous, Monsieur le Comte, de juger de la bonté de ses raisons, car cette lettre est en partie son ouvrage. Nous avons des hommes d'état, appartenant à la même école politique que vous, qui affichent hautement un superbe dédain pour les épiciers : je pense qu'ils ont tort. On trouve dans cette classe des hommes dont les connaissances pratiques seraient très-utilement consultées par beaucoup de législateurs en titre d'office ; et d'ailleurs on ne devrait pas oublier qu'ils décident en dernier ressort de la destinée de beaucoup de livres, et que leurs magasins sont le tombeau de bien des réputations.

Une circonstance décisive, survenue depuis la publication de votre livre, m'a tout-à-fait déterminé ; c'est l'institution d'une commission chargée d'examiner, *à l'aide de toutes enquêtes et vérifications de faits*, quel est le régime commercial le mieux approprié aux besoins de la France. Du moment où le gouvernement du roi, cessant de mettre une confiance exclusive dans les élucubrations officielles et la science infuse des hommes de bureau, désire consulter le pays lui-même, le moindre citoyen, s'il a de bonnes idées à produire, est aussi compétent qu'un membre du conseil supérieur du commerce. Je ne sais d'ailleurs comment concilier ce titre que vous continuez de prendre, avec le passage suivant que je lis dans le rapport de M. le comte de Saint-Cricq :
« Ce conseil, auquel donna naissance le besoin
» de centraliser les diverses parts d'influence que
» plusieurs départemens ministériels avaient à
» exercer sur la direction du commerce et de l'in-

» dustrie, a cessé d'être nécessaire du moment où
» cette même centralisation s'est trouvée accom-
» plie par la création d'un ministère du commerce
» et des manufactures. Votre Majesté a de plus re-
» connu que son mode d'action n'était plus com-
» patible avec la nouvelle forme qu'il lui a plu
» de donner à son conseil. » Ainsi vous pensez que
le conseil supérieur du commerce subsiste encore,
tandis que M. le ministre du commerce déclare
que cette institution a été nécessairement abolie
par la création du nouveau département qui lui
est confié. *Non nostrum inter vos......* C'est une
affaire à débattre entre vous et Son Excellence,
avec laquelle, depuis plusieurs années, vous êtes,
sur beaucoup d'autres points, fort éloigné de vous
entendre.

Vous vous déclarez, Monsieur le Comte, ennemi juré des théories abstraites et des idées
spéculatives; et vous entrez en matière en trai-
tant *de la liberté absolue du commerce et des dom-
mages qu'elle apporterait à la France.* En conscience, n'est-ce pas là créer des chimères pour
avoir le plaisir de les combattre? La liberté absolue du commerce est une théorie élevée qui,
comme toutes les théories, fait abstraction de
toutes les circonstances locales, de toutes les si-
tuations accidentelles, de tous les faits particu-
liers. Les hommes qui la professent soutiennent
qu'en général la plus grande liberté dans les

échanges, et dans la direction de l'industrie et
des capitaux, est avantageuse aux hommes. Une
semblable thèse, dans sa généralité, j'oserais dire
algébrique, est assurément incontestable ; à moins
que l'on ne veuille prétendre que nos facultés
nous sont données à condition de n'en point faire
usage, et que la nature nous trompe en nous dis-
posant par l'amour de nous-mêmes et la sympa-
thie envers nos semblables, au travail et à la so-
ciabilité. Mais il est parfaitement entendu de tout
le monde que, dans l'état actuel des sociétés hu-
maines, ces hautes vérités ne sont nullement sus-
ceptibles d'être formulées en lois positives ; et que
si l'homme en général est la matière abstraite des
méditations du philosophe, le législateur a toujours pour objet une nation déterminée, placée
dans des circonstances données dont il ne saurait
faire abstraction. Il doit passer tour à tour de
la recherche des vérités absolues à l'observation
des faits, pour modifier les unes par les autres :
s'il perd de vue les principes, c'est un naviga-
teur sans boussole égaré dans l'immensité des
mers ; s'il les prend exclusivement pour guides,
il aura le sort de cet insensé qui tomba dans un
abîme en cherchant à lire sa route dans les cieux.

Avez-vous donc pensé sérieusement, Monsieur
le Comte, que les hommes qui depuis dix ans se
prononcent en France pour la liberté du commerce, entendent réclamer la suppression abso-

lue des douanes, l'extinction actuelle d'une foule d'habitudes invétérées, et l'anéantissement de ce nombre immense d'existences industrielles qui ont grandi à l'ombre du système prohibitif, et qui ne sauraient se passer de la protection qu'il leur assure? Si vous l'avez cru, vous êtes tombé dans une grande erreur. C'est aussi bien gratuitement que vous vous épuisez en citations et en raisonnemens pour prouver que l'Angleterre n'a point établi chez elle la liberté absolue du commerce. Tout le monde sait en France que si M. Huskisson a rendu solennellement hommage à ce principe, s'il l'a proclamé dans toute sa pureté, il n'a pas poursuivi jusqu'au dernier terme dans la pratique toutes les applications de cette théorie : il a fait la part des principes et celle des circonstances, en exigeant des uns et des autres de mutuelles concessions.

Vous cédez encore à une pareille préoccupation, Monsieur le Comte, lorsque vous vous élevez avec tant de chaleur et d'amertume contre les hommes qui n'admirent pas notre système colonial. De bons esprits ont soutenu que la France ne s'en trouverait que mieux si elle n'avait pas de colonies; mais il y a fort loin de cette vue théorique à une application immédiate et absolue. Un adoucissement tel quel au régime actuel, qui facilite l'essor de notre commerce et de nos consommations, en réservant une protection modérée à nos colonies ; voilà ce que demande l'opinion publique, et voilà le point sur lequel, pour être utile, aurait dû porter votre discussion.

Les économistes anglais réclament aussi contre les abus du système colonial. Dans un recueil périodique justement célèbre, *la Revue d'Edimbourg,* on est allé jusqu'à dire expressément que si, par quelque grande convulsion de la nature, les Antilles anglaises pouvaient être englouties sous les eaux, ce serait le plus grand bonheur qui pût arriver à la Grande-Bretagne. En conclurez-vous que si l'écrivain qui a soutenu cette assertion hardie obtenait le pouvoir de déchaîner les ouragans et de commander aux tempêtes, il s'empresserait de réaliser aussitôt cette immense destruction ? M. Huskisson appartient à l'école économique dont *la Revue d'Edimbourg* est l'organe le plus accrédité : adoucir les taxes, augmenter la concurrence entre les possessions anglaises par l'admission de l'île Maurice aux priviléges des Antilles, préparer graduellement l'opinion à une diminution des droits qui pèsent sur les sucres étrangers, voilà ce que M. Huskisson a fait, voilà ce qu'il devait faire.

Le commerce français est bien loin de demander l'abandon absolu des colonies : il cherche à satisfaire tous les intérêts, à concilier les Français de la métropole avec les Français d'outre-mer, les colons avec les raffineurs, le trésor avec les contribuables, le commerce maritime avec la naissante fabrication du sucre de betterave. J'en atteste la série de questions proposées sur le régime des sucres par la commission des négocians de la capitale, questions évidemment inspirées par le désir le plus loyal et le plus sincère de mettre en présence tous les intérêts divergens, d'arriver à la manifestation complète de leurs véritables besoins, et de les amener à une transaction profitable à tout le monde. Il me suffirait donc d'avoir montré que vous vous êtes écarté de la véritable question en raisonnant sur une hypothèse gratuite, et en paraissant supposer qu'il n'existe pas d'autre alternative que de maintenir le régime actuel ou d'abandonner les colonies; mais vous avez la prétention de démontrer que les colonies sont avantageuses à la France, et il ne sera peut-être pas inutile à la solution des questions qui s'agitent en ce moment de discuter le mérite de vos argumens.

« Examinons, dites-vous, la nature des débou-
» chés en eux-mêmes. Je n'en vois que de deux
» espèces : la première dans un pays étranger;
» la seconde dans un pays qui nous appartient.
» Maintenant quelle est la différence entre ces
» deux espèces de débouchés? »

Il est étrange qu'une question posée si nettement ne vous ait pas conduit à cette solution si simple : le débouché colonial est excessivement

borné ; le débouché étranger est sans limites.
Vous aimez mieux alléguer les entraves , les pro-
hibitions et les variations législatives, qui dans les
pays étrangers peuvent à chaque instant dérou-
ter les spéculations de nos armateurs , afin de les
opposer à la sécurité dont jouit le commerce dans
ses rapports avec les colonies régies par les lois
françaises. Vous semblez conclure de tous ces in-
convéniens, que nous n'avons rien de mieux à faire
que de renoncer au commerce étranger, pour nous
en tenir aux échanges que comportent les besoins
et les ressources de nos pauvres petites îles. J'en
conclus, moi, qu'il faut travailler sans relâche à
étendre et à consolider nos rapports extérieurs, en
faisant, comme les Anglais, intervenir la politique, en négociant de bons traités de commerce
partout où nous n'en avons pas, et en sachant
au besoin déployer, pour les faire respecter, l'ap-
pareil de la puissance nationale. Où sont d'ailleurs
les exemples de ces changemens subits qui pren-
nent au dépourvu les spéculateurs étrangers? Personne n'ignore que dans tous les pays un peu
civilisés l'exécution d'une loi de douanes ou d'un
réglement commercial qui doit changer les rapports antérieurs, est toujours suspendue pendant
un délai suffisant pour que les négocians du dehors soient avertis et puissent modifier leurs calculs. Les gouvernemens les plus barbares ont
cessé de regarder le commerce étranger comme

une matière taillable à la merci de leur avidité ;
les pachas eux-mêmes s'amendent visiblement
et renoncent peu à peu à la méthode des *avanies*.

« Dans les contrées qui nous appartiennent,
» dites-vous, les armateurs ne peuvent rencontrer
» que leur concurrence mutuelle ; dans les autres
» pays, ils rencontrent la concurrence étrangère. » Je
réponds que la rivalité de toutes les fabriques et
de tous les armateurs de France se disputant l'approvisionnement mesquin de deux ou trois îles à
sucre, leur est mutuellement bien plus nuisible
qu'une concurrence étrangère quatre ou cinq fois
plus considérable appliquée à un marché vingt
fois plus étendu. Tous les négocians qui font des
affaires avec les colonies vous diront que les marchandises françaises y sont habituellement avi-
lies, et que nulle part on ne voit tomber le fret
si bas.

Le raisonnement qui suit est encore plus extraordinaire. Vous présentez un tableau relevé
des états de navigation, duquel il résulte que
notre commerce dans l'Inde et en Amérique a
employé, de 1821 à 1826, seulement 1,441
vaisseaux, tandis que celui de nos colonies en a
occupé 2,369. Je rapproche les deux années ex-
trêmes de cette période, et j'obtiens le résultat
suivant :

COMMERCE ÉTRANGER.	COMMERCE COLONIAL.
1821. . 184 }nav. 1826. . 354	415 }nav 443
augmentation 170	28

Ainsi depuis 1821, le nombre de navires employés au commerce de l'Inde, des États-Unis,
d'Haïti, des Antilles étrangères et de l'Amérique
méridionale, a presque doublé, tandis que le
commerce colonial ne présente qu'une augmentation insignifiante. Est-ce là le résultat que vous
avez voulu faire ressortir? il ne semble cependant
pas confirmer votre opinion sur les avantages
comparés du commerce colonial et du commerce
étranger, surtout si l'on pense, comme vous le
dites vous-même fort judicieusement, « que les
» armateurs n'envoient leurs navires que dans les
» pays où ils espèrent des bénéfices, et que la
» persévérance dans les envois prouve les béné-
» fices. »

Ce résultat est d'autant plus remarquable, que
le sucre est dans la plupart des régions équinoxiales
fréquentées par notre pavillon le principal article
qu'elles peuvent fournir en échange des produits
de l'Europe, et que la rigueur croissante de notre
système colonial a forcé de plus en plus nos armateurs à renoncer à ce genre de retours qui ne leur
donne que des pertes énormes. La France con-

somma en 1820 plus de huit millions de kilogrammes de sucres étrangers ; elle n'en consommait plus en 1827 que 944,376 kilogrammes. Aussi notre commerce avec les pays producteurs de sucres a-t-il diminué sensiblement. En 1821, le seul port de la Havane reçut 72 navires français ; d'après les états de navigation de 1827, il n'est sorti de nos ports, pour Cuba et Porto-Ricco réunis, que 63 navires, et il n'en est arrivé de ces provenances que 54. Il est facile de voir ce qu'est devenu ce commerce perdu pour nous. En 1822, Hambourg avait reçu 64,692,640 livres de sucre : l'importation s'est élevée en 1825 à 79,799,380 livres, provenant presque entièrement du Brésil et de la Havane. Il a été importé de ce dernier pays à Anvers :

En 1825,	35,984	
En 1826,	46,984	caisses de sucre.
En 1827,	56,175	

Lorsque notre législation, imposant des droits prohibitifs à l'entrée des sucres étrangers, défend à nos armateurs de nous en rapporter en échange des produits de notre sol et de notre industrie ; lorsque d'après l'état de la circulation et des changes, les retours en espèces dans nos rapports avec l'Amérique sont impossibles, et ceux en traites sur l'Europe sont désastreux, l'on est bien forcé d'avouer que si nos exportations ne donnaient pas des résultats avantageux, si par leur habileté, par le choix des assortimens, nos armateurs ne parvenaient à soutenir sur les marchés du Nouveau-Monde la concurrence des étrangers, le commerce maritime serait rigoureusement impraticable partout ailleurs que dans nos colonies. On ne peut douter par conséquent qu'il ne prenne une grande extension dès que la législation, favorisant les retours en denrées coloniales, permettra à nos armateurs de se contenter de moindres bénéfices sur leurs expéditions.

Lorsque le cri de l'indépendance s'est fait entendre dans l'Amérique ci-devant espagnole, qu'auraient pensé les peuples de ces contrées si un Espagnol européen fût venu leur dire : « L'Es-
» pagne est le principal débouché de vos produits;
» gardez-vous de rompre avec elle, car que ferez-
» vous des denrées qu'elle vous achète? Comment
» vous passerez-vous des objets de consommation
» qu'elle est en possession de vous fournir? Vous
» n'avez de commerce qu'avec l'Espagne ; *ergo*
» vous n'en aurez plus du tout quand vous aurez
» cessé vos rapports avec elle. » L'Américain le plus ignare aurait trouvé cette harangue absurde de tout point; que devons-nous donc penser des colonistes qui, les états de navigation à la main, nous disent gravement : le commerce colonial oc-

cupe une grande partie de vos vaisseaux et de vos marins : c'est donc celui qui vous présente le plus d'avantages, et le seul auquel vous devez vous livrer ? La France est ici par rapport à ses colonies dans la même situation que la Colombie et le Mexique vis-à-vis de l'Espagne ; car il serait aisé de prouver, calcul fait des avantages et des pertes réciproques, que notre pays est une colonie dont la métropole est aux Antilles.

Vous revenez après un grand détour, Monsieur le Comte, à cette comparaison entre le commerce colonial et le commerce étranger. Les documens officiels, dont l'autorité vous semble au-dessus de toute contestation lorsqu'ils s'accordent avec vos idées, ne sont plus, selon vous, dignes d'aucune confiance lorsqu'ils les contrarient. Vous acceptez leurs évaluations, en tant qu'elles font ressortir en l'exagérant l'importance des relations coloniales ; mais vous niez positivement celles sur lesquelles M. de la Ferronays s'est appuyé, pour avancer qu'en 1826 la valeur de nos échanges avec les nouveaux états de l'Amérique du sud s'est élevée à plus de 51 millions de francs. « Il serait difficile, dites-vous, que 66 navires eussent » rapporté de ces pays pour plus de 25 millions » de marchandises, tandis que dans la même » année 443 navires n'ont rapporté de nos colonies que pour 63 millions de produits. » Vous n'ignorez pourtant pas, Monsieur le Comte, cet axiome de jurisprudence qui veut qu'un témoignage ne puisse être scindé, et que lorsqu'on le fait valoir on l'accepte dans son entier. Rien n'est plus facile d'ailleurs que d'expliquer cette apparente contradiction qui vous étonne. Le nombre des navires employés aux transactions coloniales est hors de proportion avec la masse de marchandises qu'ils ont à transporter. C'est l'effet du système actuel, qui, en rendant si défavorables les retours en denrées étrangères, oblige nos armateurs à se porter en masse sur les mêmes points pour s'y disputer le transport des seuls produits coloniaux dont la consommation soit permise en France. C'est ce qu'a parfaitement compris votre correspondant du Havre lorsqu'il vous a écrit ces lignes que je trouve dans votre livre : « Nos bâti-» mens sont ruinés tous les ans par la baisse du » fret, lorsque les sucres sont épuisés dans nos » colonies, ce qui arrive tous les ans à la même » époque. Le fret, qui se soutient de douze à quinze » deniers dans les premiers mois, ne tarde pas à » tomber à six et même à quatre deniers. » Ce qui se passe en ce moment s'accorde tout-à-fait avec l'assertion de votre correspondant; je lis en effet dans le *Journal du Commerce* du 19 de ce mois :

« *Pointe-à-Pitre* (*Guadeloupe*), 6 *octobre*. Les » sucres sont rares et les belles qualités man-

» quent. Les qualités ordinaires se vendent 40
» francs en papier. Le fret est à 4 deniers sans char-
» geurs. »

Au surplus, Monsieur le Comte, à quoi tend toute
cette discussion? Si les rapports avec les pays étrangers sont aussi onéreux que vous le dites, le commerce, qui supplie en ce moment l'administration
de les lui permettre, les abandonnera bien vite, et
l'état actuel n'éprouvera aucun changement. Cette
tendre et jalouse sollicitude qui l'enchaîne dans
ses mouvemens de peur qu'il ne coure à sa perte,
n'est autre chose que la censure préalable appliquée aux relations commerciales. Je puis bien
parler de censure à propos de colonies, puisque
vous débutez dès la première page de votre livre
par gémir sur la *licence de la presse* et l'*insuffisance
de nos lois répressives*. Mais vous allez voir que la
censure politique elle-même n'est point étrangère
au sujet que nous traitons.

Vers le mois de septembre 1827, le *Journal du
Commerce* fit imprimer les lignes suivantes :

« La situation de la marine marchande mérite
certainement d'être prise en sérieuse considération : mais c'est une singulière conclusion à tirer
de son infériorité actuelle, que la nécessité de
maintenir l'état des choses qui l'a produite, au
moins en grande partie. L'intérêt de la marine est
inséparable de celui du commerce : il est aussi
ridicule de les opposer l'un à l'autre que de met-

tre l'agriculture aux prises avec l'industrie, comme
le font sans cesse tant d'orateurs officiels et de personnages en crédit; et qui veut faire prospérer
l'un aux dépens de l'autre, les sacrifie certainement tous les deux.

» Le système colonial empêche notre commerce
maritime de se développer, c'est une vérité incontestable. Il n'est pas moins certain que les modi-
fications indiquées dans la pétition des raffineurs de sucre accroîtraient, avant trois ans, la
consommation de cette denrée de 40 millions
de kilogrammes au moins. Cette importation ne
pouvant avoir lieu sans une exportation équiva-
lente, le mouvement maritime serait augmenté
de 70 à 80 mille tonneaux. Il faut remarquer
que le commerce avec les pays à sucre est moins
défavorable que les autres à la navigation nationale, attendu que ces pays n'ont point de marine, et que la seule concurrence à craindre
est celle de la navigation indirecte, nécessairement restreinte, chargée d'obstacles, et prohi-
bée en ce qui concerne l'Angleterre par le traité
de 1826. La plus forte partie du tonnage employé par l'effet immédiat du changement réclamé
dans nos tarifs, reviendrait donc à la marine
française.

» Et puis, il n'est nullement question de rompre les relations établies avec les colonies, comme
le supposent toujours nos adversaires, mais seu-

lement d'établir une proportion plus équitable entre leurs produits et ceux de l'étranger, qui permette à ceux-ci l'accès de nos marchés. La navigation peut s'étendre par suite des développemens de nos relations au dehors, tout en conservant les avantages exclusifs du commerce colonial. Seulement, dans les mauvaises années, les navires français, au lieu de s'accumuler dans les ports de nos colonies sans pouvoir s'y procurer de fret, iraient chercher des sucres au Brésil, à la Havane, à Sainte-Croix, à Porto-Rico. On ne les verrait pas réduits, comme dans ce moment, à revenir de nos Antilles avec un tiers ou un quart de chargement, obtenu à grand'peine sur le pied de trois et même de deux deniers, taux qui ne couvre pas les frais d'embarquement.

« Aussi nous écrit-on du Havre : « Les navires vont » tomber à bon marché ; il va en être vendu une » grande quantité, attendu qu'on n'en peut trou- » ver l'emploi et qu'on ne sait où les envoyer. »

« Ce n'est donc pas en maintenant les abus du système colonial qu'on préviendra la ruine de la marine marchande : c'est au contraire en les réformant, et surtout en la délivrant des entraves de tout genre qui pèsent sur elle. »

C'était le temps où M. le comte de Bonald avait en France la dictature de la pensée. La censure jugea que les phrases que je viens de transcrire étaient licencieuses et blasphématoires, et le *Jour-*

nal du Commerce ne put obtenir pour elles l'*im-
primatur* de M. Lourdoueix et de ses aides. Ces
messieurs donnèrent dans cette circonstance une
preuve éclatante de la sagacité qui leur fit recon-
naître dans ces mots, insérés dans la même feuille,
*les bruts Bourbon n'ont donné lieu qu'à peu d'affai-
res.. ..* une allusion séditieuse à la dynastie qui
nous gouverne.

Si je rappelle ces choses, Monsieur le Comte,
ce n'est nullement dans l'intention de récriminer
contre un passé déplorable ; c'est uniquement pour
vous prouver que ce n'est pas d'aujourd'hui que
les plaintes se font entendre sur les effets désastreux du système colonial, et aussi pour faire
voir que si les défenseurs de ce système ont d'ex-
cellentes raisons à faire valoir, ils ne jugent pas
moins prudent, lorsqu'ils le peuvent, de fermer
la bouche à leurs adversaires.

Vous suivrai-je, Monsieur le Comte, lorsque,
sortant du champ vulgaire des considérations
commerciales, vous vous élancez dans les hautes régions de la politique? Vous essayez de rat-
tacher le sort de la marine militaire à celui des
colonies : pourquoi me forcer de vous rappeler
que la Russie et les États-Unis ont des vaisseaux de guerre dont le nombre s'accroît d'année
en année, et que ces grandes puissances n'ont
point d'établissemens coloniaux? que la Prusse,
qui n'en a pas davantage, étend chaque jour sa

marine marchande, et qu'avec de nombreux matelots et des matériaux de construction à bon marché, elle aura une marine militaire dès que sa politique l'exigera?

Vous discutez la question de savoir si les colonies sont un sujet de guerre, et vous la décidez négativement : n'aurait-il pas été plus à propos d'examiner si dans l'état actuel des choses elles ne nous obligent pas à rester en paix, dussent nos intérêts politiques et notre honneur national en être compromis? L'Angleterre ne nous fera certainement point la guerre pour avoir nos colonies; outre qu'elle en a peut-être plus qu'elle n'en veut, elle a bien plus d'avantage à nous les laisser : elle y voit avec raison des entraves qui empêchent notre commerce maritime de s'étendre, et des otages qui lui répondent de notre politique. Et quand vous assimilez les dépenses qu'exige la défense des colonies avec celles que coûtent les fortifications de Metz et de Strasbourg, vous me forcez de vous répondre que celles-ci sont les murailles de la patrie, tandis que nos Antilles sont une brèche toujours ouverte à l'ennemi.

Mais revenons à la question commerciale. Une main plus expérimentée (1) se chargera de vous montrer l'erreur où vous êtes, lorsque vous affirmez que c'est par l'effet d'une spéculation bien connue que le prix des sucres a pu monter, en

(1) Voir la lettre suivante.

1825, de 70 francs à 94, et retomber ensuite à 68 francs. Mais vous avouerez, Monsieur le Comte, qu'une pareille spéculation aurait été impossible, si nos lois eussent permis de faire entrer dans la consommation les sucres étrangers. Tant que l'exclusion subsistera, jamais le commerce français ne sera à l'abri de semblables perturbations, que semble provoquer tous les ans l'exiguïté des approvisionnemens. Vous pourrez voir encore, dans la lettre suivante, combien vous vous êtes mépris en prenant pour *un surplus de consommation* les quantités existantes dans les entrepôts, d'après les états de douanes, le 31 décembre de chaque année. Ignoreriez-vous en effet qu'à cette époque les arrivages ont cessé, et que les sucres en entrepôt doivent fournir, pendant trois mois et plus, aux besoins de la consommation? Vous verriez bien d'autres résultats si les états officiels, au lieu d'être arrêtés au 31 décembre, l'étaient deux ou trois mois plus tard.

Le correspondant que vous avez si imprudemment provoqué, vous apprendra s'il est vrai que nos colonies suffisent aux besoins de notre consommation. Je sais bien que nous ne consommons pas plus qu'elles ne produisent; mais en conclure que nous ne consommerions pas davantage si nos lois nous le permettaient, c'est une conséquence passablement ridicule, bien qu'appuyée sur une autorité grave et officielle. Elle me rappelle cet homme qui, ayant entrepris d'accoutumer son cheval à vivre d'air, s'écriait, après trois ou quatre jours d'épreuves : quel dommage que la pauvre bête soit morte au moment où elle commençait à s'y faire!

Vous avez parfaitement démontré, Monsieur le Comte, que si les colons français ne peuvent produire au même prix que les planteurs étrangers, c'est en grande partie l'effet du monopole que la France exerce sur eux. À cet égard, il est assez inutile d'accuser nos armateurs du peu de soin qu'ils apportent dans le choix de leurs expéditions aux colonies, et du prix trop élevé des marchandises qu'ils y envoient. C'est le monopole qui porte ses fruits. L'expéditeur français fait une opération combinée; il sait d'avance que le prix élevé des sucres sur le lieu de production, joint au fret le plus désavantageux, ne lui permettra pas de réaliser des bénéfices sur les retours ; mais il sait aussi que les colons seront obligés de prendre en échange de leurs sucres les marchandises qu'il leur envoie, quelles qu'en puissent être la cherté relative et la mauvaise qualité. Les frais de production doivent nécessairement se ressentir de cette circonstance, c'est ce que vous prouvez à merveille ; mais il est inconcevable que cet aperçu si judicieux ne vous ait pas mis sur la voie du système qu'il faut substituer à celui dont les conséquences sont si déplorables.

Ce système consisterait : 1° à réduire les droits sur les sucres de toutes provenances, en conservant à nos colonies une forte protection pour l'écoulement de leurs produits ; 2° à permettre aux colonies de tirer de l'étranger les objets de leur consommation, en réservant à notre industrie et à notre agriculture un avantage équivalent à celui que les produits de nos colonies trouveraient sur nos marchés. Voici en peu de mots quels en seraient les résultats.

La France serait libre d'étendre sa consommation en sucre, qui, après avoir doublé dans les six années écoulées de 1816 à 1822, n'a fait que rétrograder depuis ce temps. En effet, si en 1827 il a été acquitté environ 4,800,000 kilogrammes de plus qu'en 1822, cette augmentation est presque uniquement due à celle des exportations de sucres raffinés, qui s'est accrue dans cet intervalle de plus de 1,800,000 kilogrammes ; ce qui suppose l'emploi de 3 millions et $\frac{1}{2}$ de sucres bruts ; et d'ailleurs dans le même temps la population du royaume a augmenté de plus d'un million et demi d'individus.

Les sucres de nos colonies continueraient à s'écouler avec avantage dans la consommation. La faculté de tirer de l'étranger les objets qui leur sont nécessaires diminuerait les frais de production de leurs sucres ; la demande qu'en feraient les étrangers en échange des marchandises qu'ils apporteraient en soutiendrait les prix, en même temps que ceux de l'étranger recevraient une impulsion de hausse par l'effet naturel des demandes de la France ; ainsi le niveau se rétablirait promptement.

La France n'aurait point de concurrence à redouter pour l'approvisionnement de ses colonies en vins, eaux-de-vie et soieries. Elle pourrait sans dommage renoncer à leur fournir des grains et des farines qu'elles peuvent, avec bien plus d'avantage, recevoir des États-Unis. On ne croit plus maintenant à cet encombrement de produits qui a été pendant dix ans le texte inépuisable des doléances de l'agriculture. Quoi de plus tyrannique et de plus absurde en même temps que d'imposer nos céréales à des consommateurs placés à deux mille lieues de nous, lorsque nous sommes nous-mêmes forcés de recourir à l'étranger pour compléter nos approvisionnemens? Quant aux tissus et autres produits manufacturés, l'on peut affirmer que les produits français seraient plus efficacement protégés contre la concurrence étrangère dans nos colonies par un avantage de quarante à cinquante pour cent sur les droits, que par la prohibition absolue qui fait trop beau jeu à la contrebande. Sans perdre les avantages du débouché colonial, notre industrie et notre agriculture en obtiendraient de nouveaux, et fourniraient nécessairement la contre-valeur des sucres étrangers admis à notre consommation.

La navigation nationale prendrait sa part de cette impulsion nouvelle donnée aux échanges. Vous dites avec raison, Monsieur le Comte, que la France ne pourrait pas se dispenser de recevoir les sucres qui lui seraient apportés par les navires des pays de production; mais la concurrence des Brésiliens et des Espagnols n'a rien de bien formidable pour notre pavillon. En 1827, il est arrivé dans nos ports 60 navires venant du Brésil : un seul était brésilien. 54 navires français sont arrivés des colonies qui restent à l'Espagne; il n'en est pas venu un seul sous pavillon espagnol. Il est venu des colonies danoises un seul navire danois et 18 français; de la Colombie et du Mexique 37 navires français, et pas un seul sous pavillon de ce pays.

Voilà, Monsieur le Comte, quels seraient les résultats, non de l'abandon de nos colonies, mesure que personne aujourd'hui ne réclame et qui n'est point en question, mais d'un adoucissement au tarif actuel qui repousse les sucres étrangers de notre consommation. Je suis loin de vouloir prendre contre vous tous mes avantages, en examinant s'il est vrai que dans le système de la liberté absolue, *l'Angleterre accaparerait tous les sucres de l'univers*, que nous serions réduits à aller chercher dans ses entrepôts; comme si le café, le coton et autres marchandises équinoxiales que nos colonies ne donnent qu'en quantité très-minime , avaient jamais manqué sur nos marchés. Je ne veux pas non plus rechercher si nos colonies , livrées à elles-mêmes , seraient aussi heureuses que vous le dites; plus d'un colon se sera sans doute écrié en lisant ce passage de votre livre :

Mieux vandrait un sage ennemi.

Il reste toujours de cette assertion que , selon vous , les colonies auraient grand tort de se plain-dre , si le gouvernement français adoptait le sys-tème nouveau dont je viens d'exposer les bases. Je termine cette lettre , déjà trop longue , en pre-nant acte de cet aveu , pour le faire valoir, s'il en est besoin , lorsque le mémoire que préparent MM. les colons sera publié , et en vous priant d'a-gréer l'assurance de la haute considération avec laquelle j'ai l'honneur d'être,

Monsieur le Comte ,

Votre très-humble et très-
obéissant serviteur ,

H. G.

Consommateur de sucre.

LETTRE

A M. LE COMTE DE VAUBLANC,

MINISTRE D'ÉTAT,

MEMBRE DU CONSEIL SUPÉRIEUR DU COMMERCE ET DES COLONIES.

MONSIEUR LE COMTE,

Dans un ouvrage intitulé *Du Commerce maritime considéré sous le rapport de la liberté entière du commerce et sous le rapport des colonies,* que vous avez publié il y a quelque temps, et que j'ai lu avec le plus vif intérêt, vous me faites l'honneur de citer et de combattre plusieurs passages d'une brochure que j'écrivis l'année dernière sous le titre de : *Observations sur nos lois de douanes relatives aux productions de nos colonies.* Je serais trop flatté, Monsieur le Comte, de vous voir partager mes opinions sur toutes les questions d'économie politique et principalement sur celle de notre système colonial, pour que je puisse résister au désir que j'éprouve de vous soumettre quelques nouvelles observations sur les points de mon écrit qui ont été les sujets principaux de votre critique.

A la page 58 de votre intéressant ouvrage, vous dites que je me trompe en supposant que la récolte de 1825 a été abondante, et qu'en écrivant cette assertion, je ne me rappelais pas que cette année a vu le terrible ouragan qui a détruit une partie de la Basse-Terre. Je réponds que, malgré ce désastre, l'importation des sucres bruts de cette année s'est élevée à 53,155,247 kil. Il me semble que ce chiffre seul indique assez si c'est à tort ou à raison que j'ai appelé la récolte de 1825 une récolte abondante; surtout si on considère que les importations d'aucune autre année antérieure n'avaient dépassé cette quantité.

Dans le même paragraphe vous assurez, Monsieur le Comte, que l'énorme prix de 94 fr. de cette année fut l'effet d'une spéculation d'une maison bien connue du Havre; et vous ajoutez que vous ne concevez pas comment je n'ai pas connu cette spéculation et ses effets. Vous commettez ici une grave erreur, Monsieur le Comte. La spéculation dont vous parlez eut lieu en 1824 et non en 1825; elle eut un résultat très-funeste, et ce fut elle qui, au mois de septembre 1824, fit tomber un instant les prix à 68 fr.; elle fut commencée en août 1823, et finit en 1824. Toutes les maisons du Havre et de Paris s'occupant de sucres, peuvent vous attester la vérité de ce fait, et j'offre au surplus d'en fournir la preuve. En 1825, aucune spéculation remarquable n'eut lieu, et la hausse prodigieuse de cette année ne fut produite par aucune circonstance extraordinaire : elle provint uniquement de l'insuffisance des approvisionnemens.

A la page 59, vous prétendez que je me trompe encore en affirmant que les colonies ne peuvent fournir assez de sucre pour les besoins de la France. Vous invoquez à ce sujet le témoignage de M. le directeur général des douanes de 1825, et vous citez les états des entrepôts en 1825 et 1826. En admettant l'exactitude de ces états, qui portent qu'au 31 décembre 1825 il y avait dans nos divers entrepôts 30,000 barriques, et au 31 décembre 1826 24,000 barriques de sucre de nos colonies, je n'en persiste pas moins à croire que j'avais raison de prétendre que nos colonies ne peuvent pas suffire à nos consommations. Que sont en effet 24,000 barriques de sucre disséminées dans les entrepôts du Havre, de Rouen, de Nantes, de Dunkerque, de Bordeaux et de Marseille, lorsque nous en avons reçu cette même année 71,463,916 kilog. ou plus de 150,000 barriques? Cette quantité ne forme pas un sixième de la totalité de l'importation de l'année, et suffirait à peine à deux mois de notre consommation, déjà si restreinte et si constamment arrêtée dans son essor par les hauts prix des sucres. Est-ce là une preuve incontestable que nos colonies produisent assez pour nos consommations?

Je conviens qu'aux prix extrêmement élevés actuels nos colonies peuvent, avec quelque apparence de raison, prétendre qu'elles sont en état de suffire à nos besoins, parce que ces prix restreignent notre consommation et la forcent de rester constamment en proportion avec leur élévation. Les colonies pourraient encore avoir cette même prétention, et avec tout autant de fondement, si elles ne produisaient même que 50,000 barriques de sucre par an, parce que les prix excessifs, qui nécessairement s'établiraient alors, diminueraient d'autant la consommation et la forceraient de rentrer dans la proportion de la production. Mais, en conscience, est-ce là ce que l'on peut appeler sérieusement suffire aux besoins d'un pays? Veuillez me permettre, Monsieur le Comte, de replacer sous vos yeux ce que je disais à ce sujet dans ma brochure de l'année dernière :

« Pour pouvoir prétendre avec raison que l'on » produit assez pour suffire à la consommation » d'un pays, il faut non seulement pouvoir suffire » à tous les besoins des consommations, tant inté- » rieures qu'extérieures de ce pays, quelque ex- » tension qu'elles puissent éprouver, et quelque

» mauvaise que puisse être une récolte de la den-
» rée dont il s'agit, mais il faut encore pouvoir
» suffire à ces besoins à des prix assez modérés
» pour que la consommation ne soit pas obligée de
» rétrograder. Si ces deux conditions indispensa-
» bles ne sont pas remplies, et qu'au contraire,
» même avec de très-belles récoltes, l'exiguïté des
» approvisionnemens soit telle que chaque année il
» y ait disette, et par conséquent augmentation ex-
» traordinaire dans les prix, et diminution mo-
» mentanée dans la consommation, ce serait assu-
» rément bien à tort que l'on aurait la prétention
» d'être en état de suffire à la consommation, dans
» la véritable signification de ce mot. »

Plaçons-nous maintenant dans une position inverse, et admettons qu'en obtenant les sucres bruts à plus bas prix, à 65 ou 70 fr. acquittés à Paris, par exemple, et en pouvant vendre par conséquent les raffinés à 21 ou 22 sous, on doublât ou triplât la consommation actuelle. Au moyen de quel argument pourrait-on prouver, dans ce cas, que les colonies sont en état de fournir assez de sucre? Et cependant ce n'est pas là une vaine supposition ; ce résultat serait infaillible ; ce fait aurait positivement lieu, si par des mesures ou des événemens quelconques les sucres bruts atteignaient ce prix modéré, et que l'on pût s'en procurer des quantités assez grandes.

Veuillez maintenant juger vous-même, Monsieur le Comte, si je me trompe en affirmant que les colonies sont hors d'état de remplir nos besoins en sucre, dans le véritable sens de cette expression. Quant à la cherté des sucres, il est hors de doute qu'elle provient uniquement d'une seule cause : celle de la faible production comparée à la consommation. Si la production était plus forte et, qu'elle dépassât les véritables besoins de la France, toutes les causes que vous citez aux pages 61 et suivantes, et que je suis loin de nier, auraient beau exister, que les sucres ne s'en vendraient pas moins à des prix très-bas et sans égard pour ce qu'ils coûteraient au producteur. L'unique cause de la cherté ou du bon marché relatif d'une marchandise, ou d'une denrée quelconque, est leur rareté ou leur abondance comparée à la consommation. Toutes les autres causes disparaissent devant celle-là, et on ne peut les porter en ligne de compte que lorsqu'il y a insuffisance de production ; cas dans lequel se trouvent nos colonies.

C'est à regret que je vois aux pages 85 et suivantes que nous différons encore entièrement d'avis sur le sort futur des raffineries, si les sucres étrangers ne sont pas admis.

D'abord, vous assurez que ma brochure contient sur toutes les raffineries de France des calculs exagérés, et que je ne cite aucune des sources où je les puise, ni aucune autorité, et vous m'opposez les états de M. le préfet de la Seine, de l'année 1823. Pour répondre à ces griefs, exprimés, ce me semble, un peu trop affirmativement, j'ai l'honneur de vous assurer, Monsieur le Comte, que j'ai sur les raffineries de France des renseignemens plus certains et plus infaillibles que ne pourraient les offrir des statistiques ou des autorités quelconques. Ces renseignemens sont au surplus à la portée de tout le monde, et vous-même, Monsieur le Comte, vous pourrez vous les procurer facilement en vous donnant la peine d'écrire à MM. les syndics des courtiers, ou à quelques maisons de commerce des villes qui renferment des raffineries et qui sont, Paris, Bordeaux, Nantes, le Havre, Marseille, Orléans, Lille, Rouen, Honfleur, Dieppe, Caen, Dunkerque, Strasbourg et Lyon. Vous jugerez alors avec connaissance de cause si j'ai exagéré leur nombre et leur importance, et si j'ai établi des calculs hypothétiques. Si je ne craignais de voir suspecter de nouveau ma véracité, je vous donnerais ici la liste de toutes les raffineries de France avec le nom de leurs propriétaires, et une évaluation aussi exacte que possible de leur valeur, des capitaux qui y sont employés et des sucres qu'elles raffinent ; mais je préfère que vous vous procuriez ces documens vous-même, afin que vous puissiez vous assurer si j'ai outragé la vérité, en affirmant dans ma brochure qu'il existe 167 raffineries en France, lesquelles peuvent raffiner au-delà de 80 millions de kilogrammes de sucre par an, de plus que ces 167 raffineries ont une valeur mobilière et immobilière de près de 30 millions, et que le capital nécessaire à leur exploitation s'élève à plus de 36 millions.

Dans le même paragraphe où vous niez si positivement la vérité de mes assertions et de mes calculs, vous dites ensuite : « Quand on pose ainsi » des chiffres sans dire où on les a pris, il est facile » de les combiner de manière à prouver ce qu'on » avance, et d'y trouver ainsi une solution acca » blante. » J'en conclus que lorsque vous vous serez convaincu par vos propres informations que toutes mes assertions et tous mes calculs, qui, d'après vous-même, amènent une *solution accablante*, étaient de la plus entière exactitude, vous n'hésiterez sans doute plus à convenir que j'avais entièrement raison de dire qu'en restant dans la position actuelle, la ruine des raffineries est certaine. La vérité de cette cruelle assertion a malheureusement acquis une nouvelle et trop funeste évidence depuis la publication de ma brochure. Depuis cette époque, la chute de cinq raffineries à Paris est venue la mettre au grand jour d'une incontestable et effrayante manière.

Avant de quitter ce chapitre des raffineries, permettez-moi, Monsieur le Comte, de vous témoigner
mon étonnement de ce que vous avez cru trouver
dans les états de M le préfet de Paris la somme des
bénéfices que présentent les raffineries de Paris.
Comment est-il possible que M. le préfet con-
naisse les bénéfices que fait une industrie, et quelle
foi peut-on , sous ce rapport, ajouter à un pareil
document ?

Dans le chapitre IV, seconde division , intitu-
lée : « Quel effet l'abandon de nos colonies pro-
» duirait-il sur notre navigation , » vous me faites
dire : « que par l'abandon du monopole de nos
» colonies , notre navigation s'accroîtrait dans une
» proportion immense , et que le transport des
» sucres occuperait alors plus de quatre cents navires.» Vous vous trompez étrangement sur ce passage de ma brochure, Monsieur le Comte ; et si vous
voulez avoir la complaisance de le relire, vous
trouverez que je dis fort clairement qu'un nombre
double ou *triple* de quatre cents navires serait nécessaire si la masse de nos importations s'élevait au
double ou au triple de ce qu'elle est maintenant.
Le reproche que vous m'adressez d'avoir écrit sans
consulter nos états de navigation est donc fait
mal à propos , puisque je suis d'accord avec eux
ainsi qu'avec vous-même.

Quant à votre objection , que si nous abandon-

nions nos colonies la plus grande partie du sucre
que nous consommerions nous serait apportée
par des navires étrangers, je ne puis l'admettre.
Je sens parfaitement qu'il faudrait accorder aux
navires des pays de production la faculté de nous
apporter leur sucre; mais c'est à *eux seuls* aussi
qu'on la concéderait, et, dans ce cas, aurions-nous
de grandes craintes à concevoir de la concurrence
de la marine du Brésil, de la Havane , de Porto-
Rico et de nos propres colonies? Je ne le pense
pas , et il me semble au contraire que notre marine profiterait seule du nouveau et vaste champ
qui lui serait ouvert. Je partage au surplus entièrement votre avis et celui des négocians de Bordeaux et des raffineurs de Marseille , que, dans
l'intérêt de notre navigation et de nos raffineries, il faut repousser tous les sucres quelconques propres à être consommés sans être raffinés.

Avant de terminer cette lettre , déjà fort longue,
permettez-moi d'ajouter encore quelques ré-
flexions. Vous dites : « Au lieu d'une demande si
» impolitique (celle de l'abandon des colonies),
» joignez-vous à moi pour persuader à M. le mi-
» nistredu commerce que la diminution des droits
» augmenterait à la fois la consommation et la re-
» cette du trésor. »

Vous auriez parfaitement raison, et je me join-
drais à vous de bon cœur, Monsieur le Comte, si

nos colonies, au lieu de 60 à 70 millions de sucre, pouvaient nous en fournir 200 millions de kilog.; mais avec leur production faible et limitée, ce seraient elles seules qui profiteraient de cette diminution des droits. Le trésor y perdrait toute la différence qui existerait entre le nouveau et l'ancien droit, et la consommation n'y gagnerait rien; parce que, trois mois après la mise à exécution de la diminution du droit, les sucres acquittés seraient tout aussi chers qu'ils le sont aujourd'hui. Aucun doute ne peut exister à cet égard; car, en définitive, c'est toujours la consommation qui règle et détermine le prix des marchandises; et comme aux prix actuels elle absorbe déjà tout ce que les colonies peuvent produire, il est certain que, nonobstant la diminution sur les droits, elle ferait en très-peu de temps remonter les sucres acquittés à ces mêmes prix ; de sorte que, je le répète, les colonies *seules* y trouveraient un nouveau bénéfice aux dépens du trésor.

Une réduction sur les droits ne peut être profitable à tous les intéressés dans la question, que lorsqu'il y a assez grande abondance de la marchandise ou de la denrée pour satisfaire tous les besoins nouveaux que le prix plus bas de cette marchandise ou de cette denrée fera naître indubitablement; mais lorsque la quantité de la marchandise ou de la denrée sur laquelle la réduction des droits doit agir ne peut pas s'agrandir (tel serait le cas pour les sucres de nos colonies), ce serait une véritable [duperie pour le trésor que de consentir à une telle réduction.

Veuillez agréer l'hommage de la considération parfaite avec laquelle j'ai l'honneur d'être,

Monsieur le Comte,

Votre très-humble serviteur,

L'auteur des *Observations sur nos lois de douanes relatives aux productions de nos colonies*, raffineur de sucre à Paris.

Paris, le 25 novembre 1828.